MI EXPRESIÓN

Impresión y editorial: BoD – Books on Demand

info@bod.com.es - www.bod.com.es

Impreso en Alemania – Printed in Germany

ISBN: 978-84-1174-7141

1. RENACIMIENTO

DESPERTAR

Los últimos rescoldos de mi pensamiento

separado

te los entrego a Ti,

para que en tu infinita dulzura

se vayan diluyendo en el Amor.

Era tan fácil, estabas tan cerca…

Estás justo aquí, en Mi, en mi centro

Mi Ser oculto que sale a la luz

y quiere brillar, quiere expandirse,

quiere amar y mostrarse al mundo

sin reservas, sin miedo,

totalmente confiado y en paz

Cómo verter Amor en la forma?

Simplemente AMANDO

EMPEZAR DE CERO

Siempre en cada momento

puedo empezar de cero,

elegir de nuevo la Verdad

y volver directo a la Unidad.

Con cada respiración

puedo empezar de cero,

ser consciente de mi Ser

y vivir siempre junto a Él.

Con cada cosa que siento

puedo empezar de cero,

ser el sintiente de Dios

y vivir este precioso don.

Cada vez que te miro

puedo empezar de cero,

ver la Luz en ti

y así también verla en mí.

Siempre gracias a Dios
puedo empezar de cero,
en cada momento presente
tomar esta gran decisión.

Empiezo de cero ahora

RENACER

Todo el sufrimiento acumulado

se va derritiendo como el hielo

en el fuego del Amor liberado

al abrir la coraza con mi anhelo.

La mariposa vuela en Libertad

tras dejar su forma de oruga atrás,

sale de la crisálida con dificultad

y ya nunca la necesitará más.

No hay que esperar a la muerte

para empezar a vivir con honestidad,

lo urgente es aprender a amarte

y caminar con pura autenticidad.

EXPRESIÓN

He aprendido a vivir
y con la naturaleza fluir,
soy uno más en la creación
expresando su gota de Amor.

Me siento unida los demás
en esta Vida compartida,
no iré sola nunca más
pues confío en la Verdad.

Mi alma satisfecha
ahora salta de Alegría
por fin se sabe despierta
y en auténtica armonía.

NUEVO DÍA

Un nuevo día amanece
y con él una nueva ilusión,
todo se llena de vida
y siento una gran alegría.

Tras la noche sombría
llega la Luz del día,
nuestro Sol amado
ilumina el mundo a su paso.

Hoy sólo agradeceré,
simplemente seré feliz
aceptaré lo que pase
y con confianza sonreiré.

2. AGRADECIMIENTO

MI VIDA

Hoy he comprendido mi vida,

todo ha encajado, todo tuvo su sentido

y fue necesario que así sucediera para que

me diera cuenta de quién soy.

Ahora todo parece mentira,

una película que me conté,

la película perfecta para despertar.

Es libre, así lo decidí.

El agradecimiento brota en mi ser,

todas las experiencias,

todas las personas,

todo el sufrimiento, todo el lío...

Toda la búsqueda de tanto tiempo

ha llegado a su fin,

lo he encontrado,

me he encontrado.

Siento el amor, todo es perfecto,
amo a las personas, las veo,
veo su decisión libre y la respeto,
así como yo fui respetada
infinitamente en mi locura.

Acepto todo porque sé lo que hay detrás, sé
quién eres, es tu libertad.
Yo ahora soy libre, soy Amor expresándose y
te daré la mano si tú quieres,
porque te amo y sé quién eres.

EL CUERPO

Siento la Energía...

fluye por mi cuerpo libremente,

y elimina todo daño y dolor.

Tu calor me atraviesa

y se extiende sin límite a mi alrededor.

Cada célula, cada órgano,

mi piel y mis sentidos,

todo lo que eres

funciona a la perfección.

Vehículo perfecto de amor.

El cuerpo no me limita,

lo habito y lo traspaso,

no me aprisiona.

Es inocente y puro

y sólo reclama ser amado.

Gracias por servirme,

y disculpa por el maltrato,

pues en mi total inconsciencia

la culpa se cernió sobre ti.

Has soportado tanto....!

Te amo y te respeto,

te dejo libre, ligero,

sin bloqueos ni condenas.

Amada expresión de mi Ser,

te agradezco eternamente

REGALO

Mi vida es un eterno presente,

un viaje de vuelta al origen.

No hay principio ni final,

sólo un retorno al centro de mi mente.

Siempre que recuerdo quién soy

siento la Alegría surgir,

no tengo nada qué hacer,

no tengo porqué sufrir.

Sólo estoy aquí para Ser,

expreso el Amor en todo lo que es,

vivo lo que aparece con Gratitud

pues todo es un regalo de Dios.

Mi confianza en la Vida es total,

me entrego con total Devoción,

veo la Belleza en el interior

y también en cualquier Expresión.

No me alcanzan las palabras

para agradecer tamaña Felicidad,

mi corazón abierto de par en par

deseando amar, amar y amar.

LA EXISTENCIA

Mi alma ayer atormentada,

hoy amanece liberada,

lo que ayer fue tan crucial

hoy ha perdido intensidad.

Mi único deseo es mantener

la conciencia de mi Ser,

enamorarme de la existencia

y solo gozar de la experiencia.

Pasar por alto las valoraciones

que me impregnan de pesar

y dar gracias a la vida

por dar luz a mi oscuridad.

3. LIBERTAD

TODO Y NADA

El Todo surge de la Nada

en un constante devenir,

más yo creo que puedo controlar

y hacer permanente lo variable.

Sólo puedo atender a mi sentir

y permitir lo que sucede,

sin intentar aferrarlo ni cambiarlo,

pues sólo la Nada permanece.

En el constante suceder

he elegido mi identificación,

pero ahora he comprendido

que no tengo definición.

Soy Libertad absoluta,

el Amor me atraviesa,

ningún concepto me ata.

Siento el vacío en mi interior

y me lleno de ligereza,

ahora todo es Alegría y Belleza.

Surge de la Nada

y a la Nada vuelve.

El SUEÑO

Ahora que sé Quién Soy,

me siento libre del juego,

nada me puede controlar

y asumo mi gran poder.

En este bucle del tiempo

experimento lo que deseo,

y cuando se desvanezca

volveré a mi dulce hogar.

Todo ha perdido peso

y se ha vuelto ligero y brillante,

simplemente soy feliz,

viviendo este finito sueño.

Gracias por esta comprensión,

tan sencilla y fundamental,

la Luz inunda mi corazón

y lo baña todo de perdón.

MENTE LIBRE

En esta hermosa mañana
he sentido la Libertad!
Por fin puedo expresarme
ya que has dejado de sujetarme.

Paseando por la playa
el sol calienta mi espíritu,
el mar refresca mis pies,
y hay algo que se abre
en el centro de mi mente.

Es como una ventana
en el interior de mi frente,
la Luz sale a raudales
e ilumina el horizonte.
Veo con los ojos cerrados!

Los pensamientos programados
vuelan desordenados,
los veo claramente

y los dejo volar libres.
Ya no serán necesarios!

Ahora mi mente está abierta,
es un lienzo en blanco.
No tengo por qué pensar
de ninguna manera en particular.
Todo es nuevo y fresco!

Soy libre, mi mente es libre.
Hay una absoluta claridad,
y mi Ser salta de alegría
ante esta auténtica Libertad.
Siento la lucidez, estoy presente!

Por fin puedo expresarme
ya que has dejado de sujetarme.
En esta hermosa mañana
he sentido la Libertad!

ESPACIO VACÍO

El espacio vacío que soy

se llena de color, sonido y forma,

yo percibo todo ello

y mi sentir presente que asoma.

El espacio vacío que soy

permanece en la quietud eterna,

y todo lo cambiante que veo

es un regalo que en Libertad me doy.

El espacio vacío que soy

es una Paz embriagadora,

y vuelvo a ella cada vez

pues es mi verdadera morada.

El espacio vacío que soy

es un lugar lleno de Luz,

donde tú y yo compartimos

el origen de nuestro amado Ser.

El espacio vacío que soy
nunca empieza ni termina,
así pues la muerte humana
sólo es una invención más.

El espacio vacío que soy
está lleno de Luz y Amor.
Y Mi deseo es expresarme
en cada forma, sonido y color

SER ESPECIAL

Yo quiero ser especial,

tú quieres ser especial,

y esto sólo provoca

una amargura sin par.

No tengo nada que demostrar,

no tienes nada que demostrar,

descansemos por lo tanto

en esta infinita Paz.

Yo soy tal como soy,

tú eres tal como eres,

los dos somos perfectos

e indescriptiblemente bellos.

Yo me acepto y tú te aceptas,

yo te acepto y tú me aceptas,

así pues librémonos por siempre

de todas las absurdas afrentas.

Qué descanso es el que siento

al librarme de la exigencia,

me perdono de toda impostura

y amo mi completa inocencia.
Soy totalmente amada,
el Universo baila a mi son,
nunca nada me falta
pues vivo en total profusión.

Me siento tan afortunada…
liberada de todas las trabas,
sin intentar ser lo que no soy,
sin tener que fingir frente a tí.
Y descanso al fin…
soberana de mi existir,
brillo y brillo sin cesar
y nada me puede dañar.

AHORA

En el ahora siento la Libertad,

pues mi pasado es una ilusión

y no determina mi Verdad.

Así que elijo de manera consciente,

sin la carga de un pasado opresor,

en este instante soy el mismo Amor…

Tampoco temo al amenazante futuro,

pues sólo existe en este sueño pensado

y cuando llegue ya veré lo que hago…

El presente es todo lo que tengo,

respirar y sentir, sentir y respirar,

y ante todo amar, amar y amar…

ALMA

En un lugar sin tiempo

mi alma permanece viva,

soñando lo que anhela

libre de mi pensamiento.

LIBERTAD INTERIOR

La verdadera Libertad interior
surge al librarme de mi máscara,
esa que me ha encerrado
en un concepto o definición.

He creado un personaje
y con él me muevo por la vida,
pero lo que soy en realidad
no se puede encapsular.

Yo no soy lo que me han contado,
yo no soy lo que me he contado,
soy algo mucho más elevado,
totalmente libre e iluminado.

Te hablo de mi Ser Interior,
de mi mente o de mi esencia.
Quizás lo llames alma, corazón,
naturaleza o tal vez conciencia.

Todo el poder es nuestro
y procede de nuestra Libertad.
Estoy creando lo que vivo
para poderlo experimentar.

Y si aceptamos ya que somos

puras extensiones de Dios?

DUALIDAD

En este mundo de dualidad

vivimos siempre eligiendo,

ahora soy víctima

después victimario,

soy inocente o culpable.

Elijo cara o elijo cruz

belleza o fealdad.

Soy la luz o la oscuridad,

hago el amor o la guerra,

miento o digo la verdad.

Mantener la templanza

nos sitúa en el centro,

pues desde que eliges

ya estás perdiendo.

Si te atas a un polo

el opuesto perderás

y nunca lograrás

hallar la Libertad.

PAZ

Aquí me quedaría

tumbada todo el día

pensando cosas bellas

sintiendo satisfacción.

Pleno mi corazón

cristalina mi alma

pura sensación

de Libertad interior.

EL PRESENTE

Mirar al pasado te hace comprender

que fuiste inocente en tu proceder,

tu conciencia de ese momento te llevó

a actuar de esa manera sin solución.

Es muy importante el instante presente

cultivar el silencio y la paz de la mente

para elevar la conciencia y poder actuar

siempre coherente y en total Libertad.

Solamente existe este preciso momento

préstale atención sin ningún impedimento

siente en tu interior y encuentra el Amor

que se halla en lo profundo de tu corazón.

OPINIONES AJENAS

Cuando aprenderé a decir lo que siento
sin ningún temor a lo que piense el resto,
confianza en mi misma y saber aceptar
opiniones ajenas que me puedan afectar.

No me dejo controlar, no me dejo avasallar
respeto mi espacio y me pongo en mi lugar,
opiniones ajenas son de su incumbencia
pero yo sobre todo respeto a mi conciencia.

EL TIEMPO

El tiempo puede ser tan pesado!

se siente como una losa sobre mí…

la angustia que me provoca

me hace oponerme y sufrir.

El tiempo puede ser tan ligero!

siento cómo se desvanece ante mí,

no lo puedo controlar ni proteger

y se me escapa cuando más lo quiero

retener.

Este bucle del tiempo lo creo con mi

pensamiento,

sólo existe en mi mente y es totalmente

inocente.

Si decido salirme del tiempo, vuelvo al

instante presente,

logro trascender mi guion y surge de nuevo el

Amor.

Soy libre del tiempo, soy libre del guion,

vivo en completa Alegría y Libertad,

plenamente consciente de Quién soy

expresando el Amor y viviendo la Unidad.

VIVA

Me siento viva cuando escribo,

me siento viva cuando medito…

cuando paseo, cuando bailo

y cuando canto…cuando te amo

y cuando me invade la alegría…

Una cosa hay en común

en estas bellas expresiones:

me sitúo en la vertical,

el Amor inspira mi corazón

y surgen estos versos

procedentes de Dios

MÚSICA CELESTIAL

La música me eleva al cielo,

cada nota que surge del piano

es una caricia a mi alma,

que dulcemente recuerda

el camino de regreso al Hogar.

Esta música celestial…

qué deleite para mi Ser,

me llena de profunda Paz

y puedo sentir la Unidad.

Fluyo con la Vida…

totalmente en armonía,

mi lugar es adecuado,

soy perfectamente amado.

4. ENSEÑANZAS

MI NIÑA

Mi querida niña,

te comprendo profundamente,

sé de tu gran dolor

y me aflige verte sufrir.

Quiero amarte hasta que comprendas

que eres digna y valiosa,

y que no hay rastro de culpa en ti.

Me gustaría que abrieras tu corazón,

para hacerte llegar mi amor

y que la Paz brille en tu interior.

Fundirnos en un abrazo,

y juntas comprender

que siempre fuimos amadas

y que no hubo daño ni error.

LUZ

Cuando cierro los ojos veo
la Luz en cada persona.
El ego desaparece
y aflora el brillo del Ser.

Es Belleza pura
que se siente en el corazón.
La esencia de las personas
es genuino Amor.

Debajo de cada máscara
puedo ver la Verdad.
Esta mirada interna
se dirige hacia la Unidad.

La misma Luz que somos
brilla en todos nosotros.
Dejemos caer el velo
que oculta nuestra identidad.

Si nos vemos tal como somos

el mundo se volverá más amable,

Amor y Libertad para todos

y pura conciencia de Unidad.

LO FALSO

Amada compañera:

Cuando veo tu dolor

aflora en mí la compasión.

Te comprendo en lo más íntimo

y sé con certeza que tú eres yo.

Quisiera abrazarte fuerte,

derretir todo lo falso,

y en ese Instante Santo

bailar juntas en la Luz.

Dios nos ama tal cual somos,

nos da justo lo que necesitamos,

así que demos gracias a la Vida

por su maravillosa armonía.

Vamos unidas,

confiemos en el Amor,

nuestro camino es perfecto

y nos lleva directo a la Salvación

FRUTO DE AMOR

Casi estoy pidiendo perdón

por el simple hecho de existir

cuando es justo lo contrario

lo que me gustaría sentir.

Brillar en mi máximo esplendor

sin que me opaque el temor,

sembrar la Paz a mi alrededor

y recoger los frutos del Amor.

QUERIDO POETA

Querido poeta,

qué es lo que hoy ha pasado,

que ningún poema nos has regalado?

Acaso no te has sentido inspirado?

La tenue luz del atardecer que llega a su fin

te ha sorprendido mirando al horizonte,

buscando en los confines de tu mente

esa chispa, ese soplo divino

que te haga escribir el poema más bello

que han leído tus ojos.

Más ahora vuelves a tu hogar

con la libreta en blanco

y la mente llena de palabras vacías.

Hoy tu corazón permanece cerrado,

encarcelando complejas emociones.

Quizá mañana querido poeta,

se unan tu mente y tu corazón

y rebosen las emociones

en forma de poema de Amor

SOLO TÚ

Sólo existes tú

justo dónde estás,

es tu responsabilidad

realizarte y brillar.

Si tú eres honesto

nos vemos todos en ti,

surge un bello sentir

y el Amor puede fluir.

Pero si ocultas tu luz

con mentiras y con ego,

provocas desasosiego

y ausencia de amor sincero.

Así que ocupa tu lugar

y sé quién eres de verdad,

nunca dañes a los demás

y busca simplemente amar.

UN NUEVO MUNDO 1

Deseo un mundo nuevo

pues este está caduco.

Nada me puede ofrecer,

sólo repetir otra vez

mil historias que ya

he vivido en mi Ser.

He estado en la guerra,

he sido una esclava

y también una reina.

He cantado, he bailado

y atrozmente asesinado.

He sido sacerdote, monja

y escritor de poca monta.

Luché por mis ideales

y sufrí todos los males.

He viajado, he amado

e intensamente odiado.

No me queda nada

por vivir de esta manera

todo está consumado

y totalmente finalizado.
Deseo un mundo nuevo
dónde sólo haya Amor,
un amor sin opuesto
divino y embriagador.
Deseo sentir la Alegría,
la frescura y la ligereza,
vivir en plena armonía
y admirar la eterna belleza.

UN NUEVO MUNDO 2

El nuevo mundo está aquí

justo en el centro de ti,

ha crecido en tu interior

fruto de tu anhelo de Amor.

Nada puedes temer

ni tampoco carecer,

vives en la abundancia

y en la divina Gracia.

Eres totalmente amado

y dulcemente sostenido,

todo es perfecto tal como es

aunque no lo puedas creer.

Confía ciegamente en la vida

pues es plena su sabiduría,

lo único que debes hacer

es amarte y al fin florecer.

LO QUE DAS RECIBES

Lo que das recibes,

el espejo de la vida

te muestra quién eres

de manera repetida.

Todo lo que ves

está en tu conciencia,

es fruto de tu mente

que es pura diligencia.

No me refiero a lo material

que es algo muy trivial,

sino al sentir de tu alma

que reflejas en tu mirada.

Si crees que necesitas amor

carente estarás de él ,

si odio albergas en tu corazón

odio verás a tu alrededor.

Si crees que no te escuchan
no te estás escuchando,
si piensas que te controlan
tú te estás controlando.

Comprueba por ti mismo
todo esto que te digo,
pero no des para recibir,
y sé sincero en tu sentir.

Cultiva en tu interior
lo que anhelas para ti,
compártelo sin temor
y lo recibirás al por mayor.

VIDA

Un regalo se te ha dado
y tú no lo estás disfrutando,
como un niño caprichoso
que se cree con derecho a todo.

Siempre buscando defectos,
juicios, ofensas y preceptos,
no descansas ni un momento
tu vida se convierte en tormento.

Aprovecha y disfruta la vida,
limpia tu mente de palabrería
y sentirás la verdadera Alegría
crecer en tu interior día tras día.

INSTANTE PRESENTE

En este instante presente

no hay carencia ni amargura.

Es la expresión unificada

y sólo hay perfección y Vida.

En este instante presente

no hay cabida para el miedo.

Yo lo vivo plenamente

y lo suelto completamente.

En este instante presente

puedo hallar la Felicidad.

Sólo tengo que vaciar mi mente

y abrir mi corazón a la Verdad.

En este instante presente

no hay pasado ni futuro.

Sólo hay luz brillando

y recreándose a voluntad.

En este instante presente,

Dios está viviendo su aventura.

Todo se me da para mi disfrute

y expreso a Dios conscientemente.

NIVELES

Me sitúo en mi centro,
totalmente presente.

No soy este cuerpo,
nada está sucediendo.
Sólo experimento
el deseo de mi mente.

Me zambullo en la experiencia
la vivo y la disfruto,
no tiene importancia
ya que pasa y se desvanece.

Yo sigo inmutable,
totalmente seguro y amado.
Nada puede tocarme
pues soy pura conciencia.

Los niveles se desdibujan
y pierden intensidad,

la certeza de mi Ser

inunda mi expresión.

Ahora todo parece

ligero e insignificante.

Conozco lo Real,

y no me engaño más.

ALEGRÍA

Siento la Alegría,

el momento es perfecto,

nada sobra y nada falta,

la Plenitud aflora.

No puedo ocultar

mis ganas de vivir,

mi corazón baila en mi interior

y sonrío con amor.

Es como una chispa

que me invita a disfrutar,

ilumina mi Ser

y se irradia por doquier.

La música me envuelve,

canto a pleno pulmón.

Siento la aceptación

y me lleno de perfección.

Esta Alegría presente
es la Luz que me guía,
siempre está aquí
brillando fuerte en mí.

Sólo tienes que sentir
más profundo en tu corazón,
suelta todo y comprende
que eres pura Luz y Amor.

EL ESPEJO

Observo mi rostro en el espejo
y de inmediato surge el juicio y la censura,
pensamientos automáticos
que provocan rechazo y amargura.

Sigo observando y analizando
cada detalle de mi imagen,
soy consciente de lo que pienso
y vacío mi mente de autodesprecio.

Sonrío frente al espejo
y siento a Dios que me ilumina,
mis insondables ojos brillan
y expresan al Ser con Alegría.

MENTE CLARA

Cada vez pienso menos

y cuanto menos pienso

más sabiduría tengo.

Mi mente está clara

y descansa en la Paz,

está a mi servicio

que sólo es amar.

Con mi mente calmada

discierno la Verdad,

tengo la certeza

y no necesito más.

5. AMOR Y DIOS

PLEGARIA

Dame tu Amor ahora

y libérame del miedo para siempre,

me entrego a Ti con honestidad

pues no quiero seguir sufriendo.

En ocasiones me pierdo en lo que sucede

y me olvido de tu eterna presencia,

con toda mi voluntad te pido

que ilumines mi Santo Camino.

Te doy mi vida entera, por favor

tómala y guía mi destino.

Ábreme los ojos

para que pueda mirar sin temor

Te pertenezco, te entrego mis días

y descanso en la Paz profunda.

Sin más juicio ni castigo,

sólo quiero Luz, sólo quiero Amor.

Quiero Amar por siempre
y vivir con el corazón.
Eternamente presente
y consciente de mi Ser.

RENDICIÓN

Todo está hecho y terminado,

me puedo relajar y descansar.

No hay nada qué hacer,

sólo vivir consciente de mi Ser.

No puedo sufrir

pues no controlo nada,

nada depende de mi

ni requiere esfuerzo alguno.

Fluyo libremente,

me descargo de toda presión.

Me acepto tal cual soy

pues es la voluntad de Dios.

En Tí confío totalmente,

tal como un niño,

vivo pleno y feliz

en la seguridad de mi hogar.

Aquí rindo mi vida,
entrego mi falso poder.
Recibo Tu dirección
y descanso en el Amor.

ANHELO DE DIOS

Este ser sin rostro,
este sentir sin cuerpo,
el espacio vacío que soy,
esta chispa Divina...
Por la vida pasaré
y ningún rastro dejaré,
alegremente partiré
para nunca más volver.

Y no lloréis mi imagen
pues la Felicidad alcanzaré,
por fin fuera de mi prisión
volando Libre sin dolor.
Cuánto debemos aprender
los humanos en este sentido,
no existe la muerte en sí,
tan sólo es un resurgir.

Gracias por lo vivido,
ya no deseo más lecciones,

por fin lo he comprendido
y sólo quiero volver Contigo.
Hasta que esto sea posible,
viviré siempre a tu abrigo,
a tus pies me rendiré
y jamás te abandonaré.

UN MOMENTO

Sólo necesito un momento…

un momento

para expresar lo que siento…

un momento

de absoluta paz en soledad…

un momento

de alta calidad emocional…

un momento

de amor a mí misma de verdad.

Sólo necesito un momento…

LO QUE ES

Y hoy de repente,

puedo amar lo que Es…

Estoy a flor de piel,

con el corazón abierto

vibrando de fe…

LLUVIA

Dios está llorando
de absoluta felicidad,
lágrimas caen del cielo
de total goce y de Paz.
Se ha sabido reconocido
y una señal me quiere dar,
llueve en calma sobre el mar
y siento ahora la Libertad.

Los peces surcan la orilla,
la gaviotas vuelan el horizonte
y un cangrejo se esconde
huyendo de mi fugaz visita.
Los lagartos gigantes canarios
se asoman ante mi presencia,
ansían contemplar conmigo
la belleza de la experiencia.

Dios es magnificencia pura,
la Naturaleza así lo expresa,

aprendamos pues de ella
a vivir en la total llaneza.
Gracias por este momento
tan gratificante y placentero
vuelvo a mi hogar renovada
y soberbiamente enamorada.

LA MUERTE

Cómo iba a existir la muerte?
si Dios es Vida y está presente
en todo lo que me rodea...

Dios abraza todo, ama su creación,
y ahora por fin comprendo
el absurdo de la ilusión.

Esa niña que fallece...
esa cárcel que se abre...
esos padres mudos de dolor...
el estallido de mi emoción...
Todo es abrazado por Dios.

La niña, ahora alegre y feliz,
danza y salta, ríe y canta.
Ha cumplido su propósito
y lanza un gran mensaje de amor
a sus padres desesperados.

Recibid mi mensaje ahora:

soy la Alegría, soy la Felicidad,

sentidme en el corazón!

El Amor está aquí,

he vuelto al Hogar,

he vuelto a la Unidad.

EL AMOR

Soy testigo del Amor,

lo veo allí donde poso la mirada,

en cualquier cosa, en cualquier lugar,

en cualquier persona, en cualquier situación...

Nada en particular, nada en especial.

Siempre estás aquí, siempre en mi,

aclaras constantemente mi mirada

y me reconfortas en cada momento.

Todo cobra sentido

y te conviertes en mi sustento.

Cuánta Paz y Alegría puedo sentir!

Cuán indescriptible el gozo que siento

ante la maravilla del mundo!

Me llena de regocijo

la grandeza de la existencia.

Mi expansión es infinita

y a través de lo efímero

puedo ver lo eterno.

Qué descanso! Qué dulzura!

Este sentimiento de apertura...!

LA NOCHE

En mitad de la noche,

cuando nada tiene sentido

y me asomo a un abismo insondable,

justo en ese momento

tu recuerdo me lleva a lo inefable.

Mis peores pensamientos

se transforman en ideas de Dios,

en pensamientos de Amor.

Me sumerjo de nuevo en Ti

y me torno pacífico y amoroso.

El día llegará y el cálido sol

me bañará con su luz.

De nuevo la Alegría y la Paz

hallaré sin esfuerzo

morando en mi interior.

Abro el corazón,

abro las puertas del Cielo,

me disuelvo en Ti
y desaparezco al fin.
Gracias eternas Vida.

PUNTO DIVINO

Soy un punto en la inmensidad,

tan humilde y tan poco especial…

estoy en comunión con los demás

y juntos conformamos la Verdad.

Cada parte contiene al Todo,

cada punto está lleno de Dios,

me elevo y soy capaz de sentir

la Unidad que somos deseando vivir.

Todo fluye correctamente,

me dejo guiar por la Vida,

no controlo, ni busco, ni castigo…

solamente acepto lo que vivo.

Todo punto está en su lugar,

coordenadas perfectas para perdonar,

ninguno se puede equivocar

pues todos surgimos del deseo de amar.

Humildemente me uno al Todo,
me hago cargo de mi función,
perdono todo lo que aparece
y la Felicidad definitivamente florece.

EL GUION

Me guía Dios…

me dejo llevar por Él,

dulcemente, sin resistencia…

Estoy en Paz,

mi guion procede del Amor.

Me guía Dios…

fluyo con la Vida,

todo pierde seriedad,

sin apegos y sin dramas,

conozco la Verdad…

Me guía Dios…

me libero de obligaciones,

no necesito nada,

ni normas, ni preceptos,

ni recetas, ni argumentos…

Me guía Dios…

mi guion procede de Dios,

sólo creo en Él

que soy yo mismo,

soy uno con Dios…

AMOR

A la sombra de un pino

me puse a soñar,

lo principal de este sueño

era la idea de Amar.

Pero no un amor cualquiera,

no un amor terrenal,

sino algo muy profundo

procedente de lo espiritual.

El Amor es lo único Real,

el verdadero origen del Todo

que ha surgido de la Nada,

creador auténtico de Paz y Verdad.

QUÉ BUSCO?

Qué es lo que estoy buscando?

No es esa hermosa música,

ni es el bello atardecer,

no es la lectura ni la escritura,

ni nada que tenga que hacer…

Qué es lo que estoy buscando?

No es tu cuerpo ni el mío,

no eres tú ni nosotros,

tampoco está en la belleza,

ni en la familia o los ahorros…

Qué es lo que estoy buscando?

No es la diversión o los viajes,

no está en las cosas que poseo,

no es la inteligencia ni la fama,

ni siquiera un amor verdadero…

Siento un atisbo de lo que Es

a través de estas experiencias,

y en pos de ellas paso la vida,
sin llegar a la auténtica Verdad.

Para encontrar lo que busco,
basta con aceptar Quién soy,
el mismísimo Dios creador,
origen y extensión de Amor.

SÓLO QUIERO AMAR AHORA

Sólo quiero amar ahora,

vaciar totalmente mi interior

y llenarlo de puro Amor

hasta ver cómo rebosa.

Sólo quiero amar ahora,

sentir la Alegría brotar

y permitirme al fin brillar

en una infinita aurora.

Sólo quiero amar ahora,

vivir en auténtica Paz

sin usar ningún disfraz

librando mi alma soñadora.

Sólo quiero amar ahora,

simplemente reír y ser feliz

gozar del hecho de existir

y ser por fin la Creadora.

SOY AMOR

Sólo hay Amor…

Mi mente está vacía,

no tengo nada que opinar.

No me importa lo que pasa,

simplemente Soy ahora.

Sólo hay Amor…

Me siento poderosa

pues nada me aprisiona.

Paladeo la Libertad

a la luz de la Verdad.

Sólo hay Amor…

No me enredo

no me ato

no me esclavizo

no deseo nada

no soy nada

Sólo hay Amor

Sólo expreso Amor

Sólo soy Amor

DIOS

Lo inefable quiso conocerse

y en cuanto lo deseó,

en el sueño se sumergió.

Infinitas formas surgieron

ignorantes de su procedencia,

y así se originó la experiencia.

Todos creían ser especiales

no sabían que eran iguales

y el sufrimiento se hizo palpable.

Infinitos fragmentos de Dios,

todos luchando por sobrevivir

sin saber que el deseo era sentir.

Pero este sueño ha llegado a su fin

he despertado y ya sé Quién soy,

el eterno Amor brilla en mi interior.

El propósito es sólo experimentar
disfrutar y amar a los demás
sin olvidar Quién Eres nunca jamás.

VIBRA AMOR

Vibra Amor…
El universo se acomodará,
lo que te rodea cambiará
y en el espejo de la vida
tu reflejo podrás observar.

Vibra Amor…
Lo que ves es tu conciencia,
en Libertad lo has elegido
pero ha caído en el olvido
esta elección de tu vivencia.

Vibra Amor…
Es la auténtica manera
en qué sanarás tu mente
y podrás vivir libremente
en una eterna primavera.

Vibra Amor…
Sintoniza con esta energía,

la fuente está en tu interior

sentirás claramente la alegría

y la Paz brillará a tu alrededor.

Vibra Amor…

AMO

Simplemente observo…y amo

te veo y te escucho…y amo

recibo el viento y el sol…y amo

el frío aparece…y amo

Amo todo lo que veo

y todo lo que siento,

amo todo lo que hago

y todo lo abrazo.

Mi prioridad es amar

antes de nada más,

primero siempre amo

y luego ya se verá…